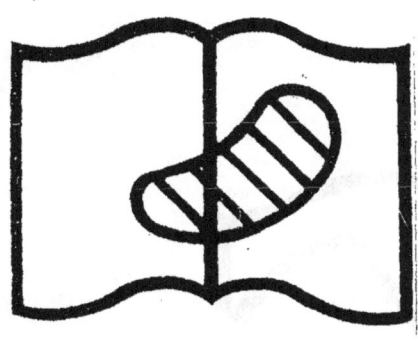

Illisibilité partielle

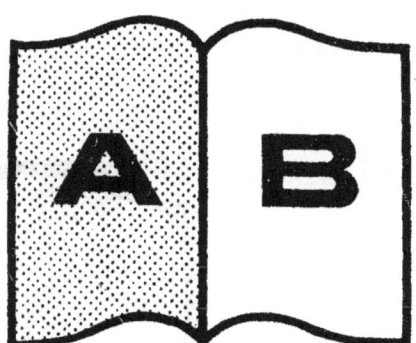

Contraste insuffisant
NF Z 43-120-14

Valable pour tout ou partie
du document reproduit

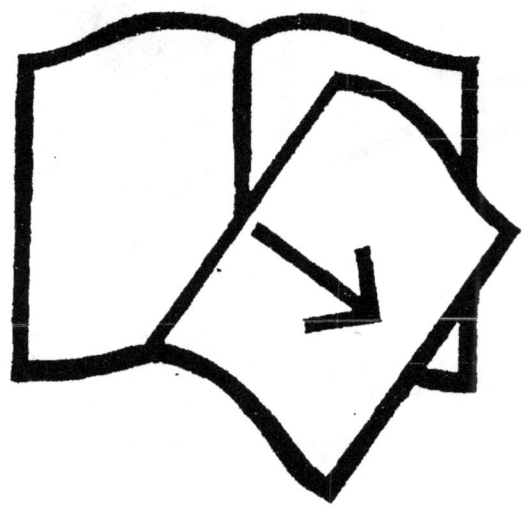

Couverture inférieure manquante

Original en couleur

NF Z 43-120-8

LE

CHRONIQUEUR PROCHÉ

DOCUMENTS INÉDITS

Publiés et Annotés

PAR

PHILIPPE TAMIZEY DE LARROQUE

Correspondant de l'Institut,
Membre de la Société d'Histoire Contemporaine
et de la Société d'Agriculture, Sciences et Arts d'Agen.

AGEN

IMPRIMERIE ET LITHOGRAPHIE AGENAISES

1898

à mon excellent confrère et ami.

Leopold Delisle.

Souvenir d'outre-tombe transmis par mon fils

T. de L.

LE CHRONIQUEUR PROCHÉ

(Extrait à 50 exemplaires de la *Revue de l'Agenais.*)

LE
CHRONIQUEUR PROCHÉ

DOCUMENTS INÉDITS

Publiés et Annotés

PAR

PHILIPPE TAMIZEY DE LARROQUE

Correspondant de l'Institut,
Membre de la Société d'Histoire Contemporaine
et de la Société d'Agriculture, Sciences et Arts d'Agen.

AGEN

IMPRIMERIE ET LITHOGRAPHIE AGENAISES

—

1898

Au moment où mon père préparait ces pages avec une activité fébrile, dernier reflet de la lampe qui va s'éteindre, on aurait dit qu'il pressentait le coup qui allait le frapper !

Il voulait revenir, une fois encore, avant de s'endormir pour toujours, à l'histoire de son cher pays natal dont il s'était tant écarté depuis quarante ans pour s'occuper de toutes les régions, particulièrement de la belle Provence, sa seconde patrie, disait-il, puisque Peiresc y est né.

J'ai cru remplir un pieux devoir en faisant tirer à part ces pages d'histoire locale, ces notes familières qui dans sa première intention n'étaient destinées qu'à la *Revue de l'Agenais*.

Ce sera une pierre de plus au colossal édifice de ses œuvres ; ce ne sera pas la dernière.

Pavillon de Larroque-Peiresc, 30 Juin 1898.

LE CHRONIQUEUR PROCHÉ

AVANT-PROPOS

Deux de mes confrères et amis à jamais regrettés, Adolphe Magen et Jules Andrieu, ont donné sur Joseph Noël Proché (1749-1826), tour à tour chef d'institution et conservateur de la bibliothèque d'Agen, d'excellents renseignements biographiques, le premier en tête de son édition des Annales de la ville d'Agen *(1884), le second dans le tome II de la* Bibliographie Générale de l'Agenais *(1887), mais ces deux érudits n'ont pas connu les relations qui existèrent entre leur concitoyen et ma ville natale. Je viens compléter à cet égard leurs travaux en reproduisant divers documents inédits relatifs au séjour de Proché à Gontaud où, « maître ès-arts », il exerça pendant plusieurs années les fonctions de « régent pour le latin et pour le français », et où, le 10 octobre 1781, il épousa M*^{lle} *Françoise Campmas.* (1) *J'y joins*

---

(1) Un frère du Chroniqueur, Clément Germain Proché, procureur au siège de Gontaud, avait déjà épousé une Gontaudaise, Mademoiselle Marie Lamothe, « fille légitime du sieur Mathieu Lamothe et de demoiselle Catherine Dauzon » (Contrat de mariage du 2 Mai 1780 rédigé par Vidal, notaire royal, dans ma collection de vieux papiers). En cette même collection figure un acte notarié (achat d'un puisage pour demoiselle Marie Massonneau, veuve de M° Antoine Tamizey, avocat au parlement), où l'on voit que les deux frères habitaient déjà Gontaud le 2 février 1778, date du dit acte dont voici les dernières lignes : « Fait et passé en présence de sieur Noel Joseph et Clément Germain Proché, frères, habitans de cette ville qui ont signé avec lesdites parties et moy. »

quelques lettres qu'il adressa d'Agen, sous la Révolution et sous l'Empire, à Jean Pierre Tamizey de Larroque, ancien gendarme du Roi[1] *et ancien premier consul de la juridiction de Gontaud*[2], *mon grand-père. Ces lettres, empreintes des meilleurs sentiments, et où le cœur parle encore mieux que la plume, éclairent assez vivement et achèvent de faire connaître une honnête physionomie qui ne manqua pas d'originalité.*

PH. TAMIZEY DE LARROQUE.

---

(1) *On sait que les gendarmes du Roi, appelés aussi* gendarmes rouges (*à cause de la couleur de leur uniforme*) *et* gendarmes de Lunéville (*parce qu'ils tenaient garnison dans cette ville*), *avaient le rang d'officiers.* Albert Duruy, *dans son beau livre sur* Hoche, *a dit de ce corps d'élite* (p. 3) : « *Le régiment des gardes françaises était un de ceux qui s'étaient acquis le plus de réputation sous l'ancien régime, on le citait comme un modèle de courage. Après les mousquetaires et les gendarmes du Roi, c'avait été le corps le plus glorieux de l'armée française.* »

(2) *La pièce signée* Louis XVI *et contre-signée* Gravier de Vergennes, *en vertu de laquelle* « Pierre Thamizé de La Roque » (sic) *devint* « premier consul de la ville de Gontaut » (sic), *est datée de* « Versailles 25 May 1786 ». *Elle sera reproduite parmi d'assez nombreux documents inédits relatifs à l'histoire de Gontaud qui seront prochainement publiés dans le* Recueil des travaux de la Société des Sciences et Arts d'Agen. *J'ai eu l'occasion de mentionner le premier consul de 1786 et années suivantes, à propos du registre domestique d'Arnaud Bernard de Massonneau, frère de ma bisaïeule, en l'appendice du* Livre de raison de la famille de Fontainemarie (*Agen, 1889, p. 165*).

DOCUMENTS INÉDITS

I

Supplique de J.-N. Proché à la communauté de Gontaud et réponse de ladite communauté.

Par les dits sieurs maire et consuls a été dit à l'Assemblée que le sieur Noel Proché, regent de cette ville pour le latin et pour le françois, se plaint qu'atendu la modicité des gages que lui paye la communauté et le petit nombre des ecoliers que fournit le lieu et malgré la plus grande economie et la conduite la plus reglée il ne trouve pas moien de subsister plus long temps dans cette ville, et qu'il est forcé d'en sortir incessamment à moins qu'il ne plaise à la communauté d'augmenter le salaire de la Regence d'une somme honete (*sic*) et telle qu'elle jugera à propos et le dit sieur Proché ici presant après avoir prié la communauté de deliberer sur sa demande a signé et c'est (*sic*) retiré.

N. Proché.

Sur laquelle demande du sieur Proché la Communauté qui en reconnoit la legitimité a d'une voix unanime deliberé qu'il lui sera accordé une augmentation de dix livres par an et porte la totalité des gages par chaque année à la somme de deux cents quarante livres. Ainsy a deliberé.

Areilh, maire. Ricard, 1ᵉʳ consul. Maisonnade, consul. Chausenque, p [rocureur] s [yndic], Caussé, Pejouan, Couzinet, Fremont, Tamizey de Fortuné, Serres, secrétaire greffier (1).

---

(1) Archives municipales de Gontaud. Cahier des actes de jurade de 1779-1780. Les

II

Contrat de mariage de J.-N. Proché.

Aujourdhuy neufvième du mois d'octobre mille sept cent quatre vingt un, après midy, dans la ville de Gontaud en Agenois, et maison des heritiers de feu sr Estienne Delmas devant moy notaire royal gradué sous signé, présens sieurs Noel Joseph Proché, maître es arts, habitant de la ville d'Agen rue St-Antoine parroisse St-Hilaire, fils legitime de sieur Jean François Proché et de feue demoiselle Anne Maydieu, procedant comme majeur et maître de ses droits, du consentement de son dit père, habitant de la dite ville d'Agen d'ici absent, mais sieur Clement Germain Proché son fils habitant de cette ville ici present et consentant pour son dit pere en vertu de sa procuration en datte du cinq du present mois receue par Bonnet notaire royal de la ville d'Agen duement controllée audit Agen le six du present mois qui sera annexée à ces presentes après avoir été contresignée par ledit

---

deux petites pièces sont du 14 février 1780. Proché trouva sans doute insuffisante l'augmentation de ses gages, car il était installé à Agen l'année suivante, comme le constate en ces termes M. l'abbé Durengues (*Pouillé historique du diocèse d'Agen*, article *Gontaud*, 1894, p. 612, note 1): « Pendant quelques années, notre annaliste Noël Proché exerça à Gontaud, avec l'approbation de l'Evêque, les fonctions de régent latiniste. Il enseignait le latin, le français et l'arithmétique, avait des élèves internes et externes qu'il conduisait à la messe tous les jours de classe. La communauté lui donnait 200 livres de gage fixe y compris le loyer de l'école. En outre les commençants lui donnaient 8 sols par mois, ceux qui écrivaient, 15 sols, les arithméticiens, 20 sols et les latinistes, 30. En 1781, Proché quitta Gontaud pour aller s'établir à Agen. »

s¹ procureur constitué pour ne varier [1], et de l'avis de demoiselle Marie Lamothe, sa belle-sœur et autres ses parents et amis d'une part, et demoiselle Françoise Campmas, habitante de cette ville, fille legitime de feu sieur Guilhaume Campmas et de demoiselle Jeanne Desmars, procedante de son propre mouvement comme majeure et après avoir fait trois sommations respectueuses à ladite demoiselle Jeanne Desmars sa mère par le ministère de Batudet huissier royal en datte des vingt-cinq et vingt-neuf septembre dernier et le troisième du present mois duement controllées au Bureau de Tonneins aux fins qu'elle eut à donner son consentement au present mariage et auxquelles ladite demoiselle Desmars mère n'a point deferé, lesquels dits trois actes ladite demoiselle future épouse m'a tout presentement remis pour être annexés aux presentes et expédiées avec icelles [2]. Et procedant encore de l'avis de demoiselle Marguerite Delmas, sa cousine, et autres ses parents et amis, d'autre part, Lesquels ont promis se prendre

---

[1] « Par devant le Notaire Royal de la ville d'Agen soussigné et en présence des témoins bas nommés fut present Mᵉ Jean François Proché huissier audiencier en la Cour de l'Election d'Agennais, habitant de ladite ville d'Agen, lequel a volontairement fait et constitué pour son procureur general et special s¹ Germain Clément Proché, inspecteur au recouvrement, habitant de la ville de Gontaud, auquel ledit sieur constituant donne pouvoir de pour lui et en son nom assister et consentir au contrat de mariage qui doit se passer entre s¹ Noel Joseph Proché, son fils, maître et arts, avec demoiselle Françoise Campmas, etc. Fait et passé au lieu du Souna paroisse de Cardonnet juridiction de Madaillan le cinq octobre 1781, en présence de Mᵉ Pierre Brunel, greffier du siège ordinaire dudit Madaillan, habitant dudit lieu du Souna, et Mᵉ Jean Coutarel, procureur au siège ordinaire dudit Madaillan, habitant du lieu et paroisse de Lusignan-Petit, juridiction de Lusignan, témoins qui ont signé avec ledit sieur constituant et nous. — Proché. Brunel. Coutarel. Bonnet, notaire Royal. »

[2] « L'an mil sept cens quatre vingt un et le vingt-cinq du mois de septembre à la requête de demoiselle Delmas, sa tante maternelle, soit signifié et déclaré à ladite demoiselle Desmars avec toute la reverence et le respect qu'une fille doit à sa mère que la ditte demoiselle requerente desireroit s'unir en mariage avec sieur Noel Joseph Proché, fils second de s¹ Jean François Proché, habitant de la ville d'Agen, et le solemniser en face et suivant le rite de l'église Catholique, Apostolique et Romaine.

pour femme et mari et pour entre eux solemniser le Saint-Sacrement de mariage en face de notre mère Sainte Eglise Catholique Apostolique et Romaine à la première requisition qui en sera faite par l'une des parties à l'autre à peine de tous depens, domages et interets. En faveur et contemplation du present mariage et pour aider à en supporter les charges lesdits futurs époux se sont constitués tous et un chacuns leurs biens et droits, sçavoir de ladite demoiselle future épouse la somme de trois mille quatre cens livres à compte de laquelle le dit s^r Proché a déclaré de bonne foy en avoir reçu un moment avant ces presentes de ladite demoiselle future epouse celle de deux cens livres dont l'en tient quitte. Et pour le restant de ladite somme de trois mille quatre cens livres ladite demoiselle future epouse se réserve la faculté de se faire payer par s^r Jean-Pierre Campmas, son frère, pareille somme de deux cens livres aux fettes (*sic*) de Paques prochaines et ce conformement à l'accord entre eux passé le vingt sept du mois de septembre dernier reçu par moy, laquelle dite somme de quatre cens livres demeure reconnue sur le mobilier dudit s^r futur époux comme il le reconnaît par ces présentes. Et quant aux trois mille livres restantes ledit s^r futur époux demeure chargé de s'en faire payer par ledit s^r Jean-Pierre Campmas dans trois ans prochains avec l'interet qui pourra courir et de les placer en fonds de terre ou maison, lequel achat demeurera dotal à ladite demoiselle future epouse si elle le juge à propos et ce conformément au susdit accord. Et en même faveur et contemplation que dessus ledit s^r Proché s'est

---

C'est pourquoy elle prie et par tant que de besoin seroit, elle somme respectueusement ladite demoiselle Desmars, sa mère, de vouloir bien donner son consentement audit mariage et permettre qu'il s'accomplisse suivant les formalités de l'Eglise avec protestation en cas de refus de tout ce dont elle est en droit de protester de fait et de droit, dont acte. — Françoise Campmas. »

constitué en immeubles ou mobilier la somme de quatre cens livres qui est tout ce qu'il a déclaré avoir [1] et moyennant ce tous les droits desdits futurs epoux le tout ensemble se sont élevés à la somme de trois mille huit cens livres. Se sont lesdits sr et demoiselle futurs epoux associés par moitié en tous les acquets qu'ils feront pendant leur mariage lesquels appartiendront aux enfans qui en proviendront, se reservant d'en avantager un ou plusieurs comme ils jugeront à propos. Et à défaut d'enfans chacun disposera de sa moitié et se sont reservés la faculté de se donner l'un à l'autre l'usufruit et jouissance desdits acquets qu'il y ait enfans ou non. Ainsi les dites parties ont conclu et arrêté les accords de leur present mariage et ont promis les executer et entretenir aux peines de droit.

Fait et passé en presence du sr Antoine Pejouan et de sr Pierre Caussé fils, bourgeois, habitans de cette ville qui ont signé avec lesdits sr et demoiselle futurs epoux et leurs parents ci dénommés et moy.

Proché futur époux, Françoise Campmas future épouse, Proché procureur fondé, Caussé, Pejouan, Marthe Armand, Marguerite Desmars, Marguerite Delmas, Lamothe de Proché, Vacqué de Vidal, Therese Pejouan, Vidal notaire royal [2].

---

(1) L'extrême pauvreté de Proché explique, si elle ne la justifie pas, l'opiniâtre résistance de la veuve Campmas à laquelle le régent pouvait appliquer le mot d'un autre futur gendre : *Quoi? Déjà belle-mère!* Nous verrons un peu plus loin s'améliorer la situation de Proché devenu propriétaire aux environs d'Agen et même *s'arrondissant*.

(2) Dans ma collection de vieux papiers.

III

Acte de mariage de J. N. Proché.

Le dix octobre mil sept cent quatre-vingt-un, après la publication d'un ban fait au prone de la messe paroissiale de Gontaud et de Saint-Hilaire de la ville d'Agen, sans que dans l'une ni l'autre il ait parvenu aucun empechement ni opposition, vu la dispense de publication des deux derniers bans accordée par M. Passalaygue, vicaire-general, en date du 8 de ce mois, ainsy que le certificat de M. Argenton, curé de la paroisse de Saint-Hilaire d'Agen, j'ay solennellement conjoint en mariage sieur Noël Joseph Proché, maître es arts, habitant de la ville d'Agen, fils de sieur Jean François Proché et de fue demoiselle Anne Maydieu, majeur et procedant du consentement de son père, et demoiselle Françoise Campmas, habitante de cette parroisse, fille de fû Guillaume Campmas et de demoiselle Jeanne Desmars, majeure, et en outre agissant en vertu de trois actes de respect faits à la dite demoiselle Desmars, sa mère, en date des 25 et 29 septembre dernier et du 3 du present mois. Ensuite leur ay imparty la benediction nuptiale en presence de M. M° Jean Mathieu Vidal, notaire royal, de sieur Antoine Pejouan, bourgeois, de sieur Germain Proché, habitants de Gontaud, qui ont signé avec les Epoux de ce requis par moi.

CARRIERE, curé de Gontaud ; N. PROCHÉ, époux ; Françoise CAMPMAS, épouse ; VIDAL PEJOUAN ; G. PROCHÉ [1].

---

(1) Archives municipales de Gontaud. Etat civil. Baptêmes et mariages de 1770 à 1782. Communication de M. Edouard Roumat.

Lettres de J. N. Proché à J. P. Tamizey de Larroque.

I

Agen 8 Frimaire an V (22 novembre 1799).

CITOYEN,

Votre fils arriva hier en bonne santé [1], sous la conduite des citoyens Nadau et Melon. Nous l'avons vu avec bien du plaisir, mais j'en aurois eu encore plus, s'il était venu plutôt, car vous me permettrez de vous représenter que vous lui avez donné des vacances trop longues. C'est un temps bien difficile à réparer. Il faut cependant le faire, et je crois qu'il est dans cette intention ; de mon côté je le seconderai de tout mon pouvoir, et il ne tiendra pas à moi qu'il ne soit bientôt en état de suivre ses condisciples. Votre fils m'a remis la somme de 87 livres 10 sous pour un quartier de sa pension.

Ma femme et mes filles sont bien sensibles à votre souvenir ; elles m'ont souvent parlé de vous depuis leur retour de Gontaud, des petits jeux où elles se sont trouvées avec vous, des petites pièces que vous leur avez faites, et surtout de vos honnetetés. Amélie et Nelly regrettent encore la crème que vous leur servites un soir à souper et dont elles ne purent pas manger, parce qu'elles avoient trop bien dîné [2].

---

[1] Mon père était alors âgé de 13 ans, étant né le 3 juin 1786. Il conserva toute sa vie le meilleur souvenir de son séjour dans la maison d'éducation de la rue Saint-Antoine, maison dont Adolphe Magen a dit qu'elle était « honorée de l'estime publique ».

[2] Mon grand-père était très bon, très gai, très aimable, et il remplissait avec le plus généreux entrain les devoirs de l'hospitalité. Il avait l'habitude d'offrir à ses convives, comme complément du festin, des beignets et des crêpes accompagnés de la crème tant regrettée des demoiselles Proché. Mais s'il était le meilleur des hommes, il ne souffrait pas que que l'on abusât de sa *candeur*. On a jadis souvent raconté (et la légende est

Nelly ne me dissimule pas qu'elle reviendroit demain à Gontaud. Elles me chargent toutes de vous dire mille choses de leur part.

Je suis avec un parfait attachement votre dévoué concitoyen [1].

II

Agen, 20 octobre 1803.

Monsieur,

Je fus bien fâché de partir de Gontaud sans avoir le plaisir de vous revoir, comme je l'aurois désiré ; j'en avois même besoin, mais il se présenta une de ces occasions qu'on trouve rarement dans votre ville, je veux dire la voiture qui avoit conduit les nouveaux mariés. Je crus devoir en profiter, mais ce ne fut pas sans avoir hésité long-temps sur le parti que j'avais à prendre. Ce qui me décida fut que je ne recevois

---

encore vivante dans le pays Gontaudais) qu'un de ses voisins de campagne lui apporta, le premier jour de l'an, un vieux merle d'une effrayante maigreur. Mon grand-père reçut les funestes étrennes sans sourciller et invita son homme à venir déjeuner après la messe. Le campagnard, une heure plus tard, accourt avec d'immenses espérances et un immense appétit. Mon grand-père lui fait servir l'infâme oiseau et lui dit de son air le plus narquois : J'ai cru ne pouvoir mieux te régaler qu'en te donnant le rôti que tu me destinais. Le merle était si coriace et si dur que l'invité dût renoncer à y mordre et se retira non moins penaud qu'affamé.

(1) Dans une lettre d'affaires du 6 décembre 1802, je prends seulement quelques lignes : « Ma femme et moi avons bien ri de l'embarras où se sont trouvées toutes les parties pour compléter leur contingent et de l'offre faite des *Soques* au porteur du billet. [C'eût été, en vérité, un étrange payement qu'un payement en *Soques*, chaussure que l'on portait encore en ma ville natale pendant mon enfance]. Nous vous remercions de la bonté que vous avez eu d'avancer pour nous 150 livres. Votre fils est en parfaite santé et s'applique à ses divers exercices. Je suis véritablement mortifié de toute la peine que nous vous donnons, mais puisque vous avez si bien commencé, il faut finir. »

aucune lettre de ma famille. En passant à Tonneins j'en trouvai une à la poste, qui par je ne sais quelle fatalité avait été portée à Marmande, renvoyée à Tonneins d'où elle me seroit parvenue à Gontaud le jour de mon départ. Si j'avois prevu cela, j'aurois encore resté deux jours de plus. Mais c'est une affaire faite, n'en parlons plus.

Vous me promites d'avoir la bonté de voir à Gontaud et à Marmande quelques personnes qui m'avoient parlé de leurs enfants [1]. Je serois bien aise de savoir positivement leurs intentions. Vos occupations ne vous ont peut-être pas encore permis d'aller à Marmande. Lorsque vous aurez fait ce voyage, veuillez me faire part du résultat. Pardonnez la liberté que je prends ; vous m'avez témoigné tant d'attachement que j'ose en agir aussi librement. Vous m'obligerez d'en agir de même envers moi, et dans toutes les occasions où je pourrai vous être utile.

Vous ne me laisserez pas ignorer sans doute le parti que vous aurez pris relativement à notre jeune homme [2]. Je vous avoue que je verrais avec peine qu'il restât oisif, et qu'il perdit ainsi le fruit de ses premières études. Il a maintenant des principes, il faut qu'il règle là-dessus le reste de son instruction ; il n'est plus un enfant ; c'est à lui à se décider, en se réglant toujours sur vos facultés.

Le nouveau clergé a été installé aujourd'hui avec pompe dans l'église Saint-Caprais. Les chanoines et les 38 curés du département ont prêté serment sur l'Evangile, à la préfecture, d'où ils se sont rendus, précédés par le Préfet, à Saint-Caprais, où il a été dit une messe : l'évêque a ensuite fait un discours, après lui le Préfet a parlé ; on lui avoit établi un siège à côté de l'autel, vis à vis le trône de l'Evêque.

---

(1) On voit que le brave Proché voulait transformer l'ancien officier de cavalerie en *capitaine de recrutement*.

(2) Son élève Alexandre Tamizey de Larroque.

— 18 —

Le serment a été prêté à la Préfecture à cause des ministres protestants qui l'ont prêté aussi en la même forme. Les prêtres des autres arrondissements fairont la même cérémonie devant leurs sous-préfets respectifs le 3 Brumaire prochain. J'omettois de vous dire que les curés et ministres protestants ont dîné à la Préfecture. Vous imaginez bien que tous n'y ont pas assisté [1].

Je vous prie de dire à Mad° Chausenque qu'on travaille à ses bamboches[2], et que je les lui ferai passer par la première commodité ; je lui présente mes respects, ainsi qu'à M. Chausenque. Mon épouse et mes filles me chargent de vous dire mille choses de leur part, aussi bien qu'à Larroque [3].

J'ai l'honneur d'être bien sincèrement votre très humble et très obéissant serviteur.

III

Agen, 1 frimaire 'an XII (23 novembre 1803).

Monsieur,

Il est vrai que j'étais très inquiet de n'avoir pas de vos nouvelles, mais j'étais bien éloigné d'attribuer votre silence

---

(1) Proché a donné beaucoup moins de détails dans sa *Chronique* sur la mémorable journée. Voici tout ce qu'il en dit (page 94) : « Le nouveau clergé organisé d'après les arrêtés du gouvernement des consuls, a été installé le 20 octobre 1803, par Mgr Jacoupy, évêque. Les curés ont prêté serment sur l'Evangile en présence du préfet et des autres autorités, dans l'église Saint-Caprais, qui, à l'avenir, sera la Cathédrale, et portera le nom de Saint-Etienne, patron du diocèse. »

(2) Le mot n'a pas été admis (avec cette acception) dans le *Dictionnaire de l'Académie française*. Cette sorte de chaussure contemporaine des *Soques*, dont nous avons trouvé mention plus haut, a disparu de *la circulation* à peu près en même temps.

(3) C'était le nom sous lequel mon père était connu. J'ai entendu beaucoup de vieillards qui ne l'appelaient qu'ainsi, y compris son compatriote et ami Vincent de Chausenque.

à aucun effet qui put diminuer mon extrême attachement pour vous. Je l'attribuais à quelque dérangement ou à des grandes occupations. Je vois avec peine que vous avez été malade. Vous devez imputer cette incommodité aux fatigues des vendanges [1] et vous ménager plus que vous ne faites [2]. La santé est un des plus grands biens de ce monde ; sans elle on ne jouit d'aucun plaisir. Mettez donc moins d'ardeur dans votre travail, et tâchez de vous conserver pour vous et pour vos amis [3].

J'ai différé moi-même de vous répondre dans l'espoir que je verrois quelqu'un du pays, mais personne n'a paru. Il y a plus, j'ai écrit plusieurs lettres à Gontaud ou aux environs, il y a plus d'un mois, je n'ai reçu aucune nouvelle; je ne sais qu'en penser. Je vous prie de vouloir m'expliquer cela, et de me dire pourquoi Madame Ricaud n'envoie pas son

---

(1) Mon grand-père soignait avec une véritable passion son vignoble de Larroque qui lui donnait en abondance un vin très renommé. Que les temps sont changés ! Le vignoble actuel ne produit qu'une quantité de vin dérisoire, vin qui n'a pas la moindre ressemblance avec le nectar classique.

(2) Le correspondant de Proché se garda bien de suivre d'aussi excellents conseils et il ne se ménagea jamais. Dans la belle saison il se levait régulièrement à trois heures du matin et, devançant l'aurore, partait aussitôt pour Larroque (son petit-fils *dégénéré* s'accuse de s'être rarement levé avant quatre heures !) Si l'on me permettait de rappeler ici une petite anecdote, je dirais que mon grand-père, qui était très lié avec son curé, l'abbé Descures, ne manquait pas, en passant devant le presbytère, de frapper de sa canne (au risque d'être accusé du délit de *tapage nocturne*) les contrevents de la chambre à coucher de son vieil ami, en lui criant : *Surge, piger !* c'est le moment de dire *Matines !* La chronique ajoute que le vénérable curé, furieux d'être ainsi brusquement réveillé, ripostait à l'interpellation quotidienne par une malédiction non moins quotidienne. Mais la chronique est-elle bien informée ?

(3) Mon grand-père survécut 24 ans à ce souhait affectueux. On voit dans l'acte de décès (Etat Civil de la commune de Gontaud) que Jean Pierre Tamizey de Larroque, propriétaire, ancien officier de cavalerie, fils d'Antoine et de dame Marie-Anne de Massoneau, veuf de dame Anne-Germaine Traversat de Montardy (*sic*), mourut à l'âge de 76 ans dans la nuit du 25 au 26 décembre 1827, vers minuit.

fils ⁽¹⁾, non plus que Mr Dariscon. Le fils de M. Lucinet est encore à arriver ⁽²⁾.

Je doute beaucoup que l'abbé Geraud aille à Grateloup. Les habitants de la paroisse d'Unet l'ont demandé à l'évêque; il est venu lui-même ici à ce sujet; il se plait beaucoup à l'endroit où il est; je crois qu'il y restera.

Vous avez donc un curé. Je vous en féliciterais si l'on ne m'avait assuré qu'il n'y resterait pas un an ⁽³⁾. J'ignore comment on l'entendait. M. l'évêque est très embarrassé, il pleut chez lui un déluge de démissions, de pétitions, de réclamations, etc. Il est vrai que son premier travail n'a pas été au gré de tout le monde, mais aussi il est bien difficile de satisfaire tous les esprits.

Je vous salue bien affectueusement.

P.-S. Nous avons depuis quelques jours un superbe régiment de Hussards, beaux hommes bien montés, bien équipés. Le colonel est un jeune homme grand ami de Bonaparte qui a fait avec lui le voyage d'Egypte. On voit ici ce corps avec plaisir, mais comme la caserne ne peut contenir

---

(1) C'était Marguerite Chausenque, laquelle avait épousé, en septembre 1788, Pierre Laurent de Ricaud, conseiller à la Cour des Aides de Guyenne, mort le 19 juin 1803, et en avait eu Thomas Laurent, condisciple de mon père et son grand ami. Dans une lettre non datée, mais de la fin de juin ou du commencement de juillet 1803, Proché disait : « Nous avons perdu vous et moi un ami, en perdant M. Ricaut. Je le regrette sincèrement par rapport à lui et par rapport à sa famille qui avait besoin qu'il vécut plus longtemps, au moins jusqu'à ce qu'il eut terminé sa grande affaire (un long et grave procès). Le ciel en a disposé autrement; cela est bien fâcheux... »

(2) C'est un appel presque désespéré que fait entendre le malheureux chef d'institution. La famille Lucinet habitait Puymiclan et la famille Dariscon habitait Gontaud. Plusieurs membres de cette dernière famille (de très vieille noblesse) seront mentionnés dans le *Recueil de documents inédits Gontaudais* annoncé plus haut.

(3) L'abbé Bernard-Alexandre Courrège fut nommé curé de Gontaud en octobre 1803. Il occupa ce poste jusqu'à sa mort (7 janvier 1817). Il eut pour successeur l'abbé Alexandre Descures, dont la famille avait habité Gontaud pendant presque tout le xviiie siècle. On retrouvera plusieurs fois le père et le grand-père de l'abbé Descures dans le recueil cité en la note précédente.

que 500 hommes, le reste loge chez des particuliers. J'ai chez moi le chirurgien major, ce qui me dispensera d'avoir des Hussards. Le corps des officiers est composé de jeunes gens d'élite ; je crois que nos dames s'apprivoiseront peu à peu à leurs énormes moustaches. Au reste la troupe est très bien disciplinée [1].

IV

Agen, 2 Septembre 1813.

Monsieur,

Mon plus grand empressement, à la réception de votre lettre, a été de me procurer les renseignements que vous me demandez relativement à la levée de 300,000 hommes. Dès que le Senatus Consulte parut, je pensai à vous et à votre fils. Je prévis les inquiétudes que cela allait vous donner. Je serais tenté de lui faire des reproches, car il y a de sa faute ; il devait se marier. Vous savez que nous en parlames lors de mon dernier séjour à Gontaud. Vous m'appre-

---

[1] J'ai négligé deux lettres de novembre 1803 et de janvier 1804 qui ne m'ont pas paru mériter l'honneur de l'impression. Je tire seulement de chacune de ces lettres deux petits passages relatifs à un incident que j'appellerai l'incident du miroir : « La dernière fois que j'étais à Gontaud, je fus prié par M. Flottard de Lubersac (*sic* pour *Libersac*) de retirer un miroir qu'il avait laissé ici chez une demoiselle. Je l'ai retiré, en effet, mais je ne sais comment le lui faire passer. Ni patron, ni voiturier ne veulent en répondre. M. Flottard me proposa de me le céder pour 12 livres. C'est là toute sa valeur. Si cela lui convient, je vous prie d'avoir la bonté de lui compter cette somme de laquelle je vous tiendrai compte. » La commission fut faite et l'arrangement conclu, comme nous l'apprend la lettre suivante : « Je vous remercie des soins que vous avez bien voulu vous donner envers M. Flottard dans l'affaire du miroir ; il a bien fait d'accepter la proposition, car le miroir peut avoir perdu de sa valeur ; il sert à la toilette de mes filles depuis qu'il est dans la maison. » Cette année-là, Proché n'acheta pas seulement le miroir, mais bien une prairie. On lit dans la lettre du 30 janvier 1804 : « Nous venons d'acheter une pièce de pré d'environ deux journaux, qui est entièrement enclavé (*sic*) dans nos possessions ; elle nous coute tout compris deux mille trois cens livres. »

nez qu'il y pensait dans ce moment. C'est un peu tard, mais enfin il est un remède à tout. Mʳ votre fils a déjà une dispense ; c'est une très bonne pièce ; les mêmes raisons qui la lui firent accorder existent sans doute encore ; cela joint aux amis que vous employerez doit vous faire espérer qu'il s'en sortira. Si de mon côté, je puis vous être utile, veuillez croire que je ne m'épargnerai pas. Mon plus grand plaisir est de trouver des occasions de vous obliger.

D'après les instructions que le prefet a receues, la levée doit commencer à l'an 1806 en remontant par 1782 et trois mois. La seconde commencera à 1787, en descendant jusqu'à 1813. D'après cet arrangement votre fils sera des premiers appellés, puisqu'il se trouve de la conscription de 1806. Il est peut-être déjà appellé, ceux d'Agen le sont pour le 5 de ce mois. Il me tarde beaucoup de vous voir délivré de cette peine. Ma femme et ma fille sont animées des mêmes sentimens ; elles me chargent de vous dire mille choses obligeantes ainsi qu'à Mʳ votre fils que j'embrasse.

J'ai l'honneur d'être avec le plus parfait attachement votre dévoué serviteur et ami.

Je vous prie de présenter l'assurance de mon respect à Mʳ et Madᵉ Chausenque.

APPENDICE

M. Paul Courteault, agrégé des lettres, professeur au lycée de Bordeaux, le futur auteur d'une thèse pour le doctorat sur *Blaise de Monluc*, me communique, au dernier moment, des pièces inédites tirées du portefeuille Leboz des Archives départementales de la Gironde. Je ne saurais trop remercier cet excellent confrère, cet excellent travailleur, du service qu'il m'a si gracieusement rendu en m'aidant à compléter ma petite publication. Une des pièces, la requête de Proché à l'intendant Dupré de Saint-Maur, février 1781, en grande partie auto-biographique, est reproduite *in-extenso*. La seconde pièce, réponse de la communauté aux plaintes de Proché, est simplement analysée. Il est juste de constater que la communauté ne fut ni injuste, ni ingrate pour son régent, et que sa bonne volonté fut paralysée par l'insuffisance des recettes du budget municipal. Les consuls de 1781 purent dire, pour s'excuser de n'être pas plus généreux à l'égard de Proché, le vieux mot : *pauvreté n'est pas vice, mais c'est un grand défaut.*

Requête de N. J. Proché

« *A Monseigneur Dupré de Saint-Maur, chevalier, conseiller du roi en tous ses conseils, maître des requettes et intendant en Guienne.* »

Monseigneur,

Supplie humblement Noël-Joseph Proché maitre ez-arts et regent humaniste de la ville de Gontaud subdélégation de Marmande disant qu'etant depuis cinq ans regent de laditte ville, aux gages de deux cens livres par an, la modicité de cette somme ne pouvant le faire subsister, il se retira dans la ville d'Agen, lieu de son origine ; les maire et consuls de Gontaud, voyant qu'ils ne pourroient pas se procurer un regent pour une modique somme de deux cens livres, satisfaits de l'exactitude, conduite et bonnes mœurs du suppliant, le solliciterent de revenir à Gontaud, et par une convention expresse lui promirent une augmentation de gages de quarante livres; cette convention est consignée dans une délibération générale de la communauté, du quatorze fevrier de l'annee derniere ; c'est a cette condition que le suppliant revint a Gontaud reprendre les fonctions de regent. Cette convention, Monseigneur, est une loi entre les parties à laquelle il ne peut être dérogé en aucune maniere. Les maire et consuls actuels en ont senti l'obligation, aussi ont-ils fait payer au suppliant un quartier des gages echus ; mais bientot après, ces mêmes officiers municipaux, cedant a quelque inspiration maligne qui leur fit fouler aux pieds les conventions passées entre le corps de ville et le suppliant, s'assemblerent le vingt du present mois et prirent une delibération qu'ils firent souscrire a huit paysans ou gens de metier, sans que les principaux habitants qui composent le corps de ville en ayent eu connoissance, et reduisirent les gages du suppliant a deux cens livres. Les motifs de cette délibération présentent l'injustice et la véxation les plus marquées : les maire et consuls actuels, Monseigneur, n'ont point d'enfants à envoyer a l'ecole ; peu animés de l'interet public, cédant au contraire a des haines particulieres, qui croyent avoir interet a blamer ou detruire ce qui a été etabli par l'ancien corps de ville, composé des personnes les plus respectables du lieu, ont cherché a dégouter le suppliant, affin qu'il se retirat une seconde fois chez lui et que la ville fut sans regent.

Quelsque soient les prétextes sous lesquels les maire et consuls voudroient couvrir leur injustice, il en résulte, Monseigneur, que la convention passée entre la communauté de Gontaud et le suppliant doit avoir son effet ; ayant été exécutée par le payement des quartiers echus, l'un desquels a été aquitté au nom des officiers municipaux actuels, les gages promis ne peuvent plus être amoindris ; les maire et consuls l'ont si bien senti, qu'ils ont refusé de donner au suppliant une expédition de l'acte qui lui établit les deux cens quarante livres, affin qu'il ne pût pas se pourvoir vers Votre Grandeur, pour en obtenir la justice qu'il reclame. Cette délibération est commune entre le suppliant et la communauté, le dépôt doit etre entre les mains du secretaire greffier, mais les maire et consuls se sont emparés des registres, et, malgré la sommation que le suppliant leur a fait faire, ils ont refusé de lui donner copie des deux délibérations, ce qui fait, Monseigneur, que le suppliant ne peut les mettre sous les yeux de Votre Grandeur ; mais l'acte de sommation qu'il a fait faire aux maire et consuls met leur injustice dans la plus grande evidence.

Ce considéré, Monseigneur, le suppliant, regent de la ville

de Gontaud, choisi par la communauté, approuvé par Votre Grandeur, et par M. l'eveque d'Agen, a l'honneur de vous supplier d'ordonner que la délibération du quatorze fevrier qui fixe ses gages a deux cens quarante livres sera executée, en consequence enjoindre aux maire et consuls de lui faire payer laditte somme quartier par quartier, ainsi qu'ils l'ont fait précédemment, leur ordonner en outre de faire expedier au suppliant une copie des deux délibérations : le suppliant, dont les vœux sont unis à ceux de toute la province ravie de la sagesse et de l'équité de votre administration, les redoublera pour la santé et la prosperité de Votre Grandeur.

N. Proché, suppliant.

Soit la presente requette communiquée aux officiers municipaux de Gontaud pour y repondre dans huitaine par devant nous, pour par M. l'Intendant y être estatüé ce qu'il appartiendra.

Fait à Marmande, le 8 février 1781.

En l'absence de M. Lavau de Fayon

Foucaud, chargé des affaires de la sub^{on}.

(Arch. dép^{les} de la Gironde, C. 603).

Réponse de la Communauté de Gontaud

Envoyée à M. Lavau de Fayon, le 22 Février 1781.

—

Les maire et consuls de Gontaud réfutent point par point la requête de Proché. Trouvant que 200 l. n'étaient pas des gages suffisants, « le s^r Proché se retira à la véritté dans la ville d'Agen, sa patrie, pour y passer les vacquances, et voulant se faire augmenter des gages, il écrivit au s⁰ Mayonnade⁽¹⁾, lors second consul de ce lieu, chez qui il prenoit sa subsistance, et trouvoit d'ailleurs bien d'autres douceurs, attendu que le s⁰ Mayonnade a cinq enfents males auxquels il donnoit toute son attention en leur montrant les principes de la latinitté, qu'il ne vouloit plus régenter à Gontaud ; mais que sy le dit s⁰ Mayonnade vouloit luy envoyer ses enfants à Agen, il les prendroit en pension... » Le s⁰ Mayonnade, pour éviter les frais de pension à Agen, offrit alors à Proché une augmentation de 40 livres par an. Une délibération en ce sens fut prise dans la maison de ville, et signée des consuls et d'un ou deux jurats tout au plus. Le registre fut ensuite porté chez d'autres jurats, qui signèrent sans lire. « Cette convention n'est pas une loy à laquelle il ne peut être dérogé. »

Si la communauté a payé un quartier des gages au régent, à raison de 240 l. par an, c'est qu'elle ne pouvait faire autrement, jusqu'au jour où fut votée la suppression des 40 l. En votant cette suppression, les exposants n'ont agi qu'en vue du bien public. L'assemblée qui l'a votée ne fut pas composée de huit paysans, mais des maire, consuls, procureur-syndic, « assistés de quelques jurats, notables et adjoints ou agrégés au corps de ville pour la validité des délibérations ». Ces adjoints⁽²⁾ sont au nombre de 12 ou 13, choisis « tant chez les commerçants que chez les meilleurs artizants ou autres personnes de la campagne des plus notables. » — Le s⁰ Proché allègue que pas un jurat n'a été convoqué à cette assemblée : c'est là un « trait révoltant, » qui lui a été inspiré par

---

(1) *Sic* pour Maysonnade, nom d'une ancienne et nombreuse famille de Gontaud dont plusieurs membres reliaient un nom de terre au leur par la particule *de*.

(2) La jurade venait en effet de se démocratiser avant la Révolution en adjoignant aux familles de vieilles bourgeoisie consulaire qui l'administraient héréditairement un un peu de sang nouveau. La délibération très curieuse qui la constate, sera publiée un jour.

certains jurats, « quy la rage dans le cœur a la veue du désordre quy s'est comis dans cette ville, et quy peut estre subsistera des siècles entiers[1], menagent ny mensonge pour détruire les exposants, ny animosité pour les perdre s'ils le pouvoient. » Tous avaient, d'ailleurs, reçu leur billet d'invitation pour l'assemblée, mais ils n'ont pas voulu s'y trouver.

La délibération des exposants n'a rien d'injuste ni de vexatoire : « Que le s^r Proché envisage l'état ou il estoit quand il est venu à Gontaud, et celuy ou il est a presant, s'il sçait se rendre justice, il verra qu'il a eu tort de demander d'augmantation. Il ettoit en arrivant trés mal agencé, et, a présent, c'est un jeune homme à qui on doneroit par ces habits, mille ecus de revenu. Il a donc eu tort, Monseigneur, d'exposer qu'il ne pouvoit pas se soutenir icy avec deux cens livres de gages. Le s^r d'Osté son predecesseur quy a regenté plus de vingt cinq ans dans ce lieu, sous les memes gages, dans un temps meme plus critique que celuy cy a raison de la cherté des denrées, trouva le moyen d'y acquerir du bien, et de s'y marier avec une fille d'un de nos jurats. C'ettoit d'ailleurs un bien autre sujet que le s^r Proché. »

Les exposants ont trouvé un régent qui se charge pour 200 l. par an de l'école ; il enseigne très bien le latin « et peint au mieux, et a d'autres talents au moyen desquels il peut se rendre utile au public ; sa femme qui élève des jeunes filles, ne trouvera pas moins de quoy s'occupper dans ce lieu » ; enfin il tiendra la charge de secrétaire-greffier, car celui qui a été nommé par le roi se refuse à prêter serment.

Les exposants protestent contre les reproches du s^r Proché : « de pareils traitements sont ordinairement susceptibles de reprehention, surtout partant d'une personne gagée d'une communauté. »

---

(1) On ne pourrait guère comprendre cette emphase si on ne se souvenait que l'on est au lendemain de l'émeute du cimetière de Gontaud, un des rares évènements dignes d'être enregistré, dans l'histoire de l'Agenais au xviiie siècle.

Ils ne conviennent pas que les délibérations doivent être rendues publiques, mais se déclarent prêts à communiquer au sʳ Proché les deux qui l'intéressent, si l'intendant l'ordonne.

« Nous observerons de plus, Monseigneur, à Votre Grandeur, que le sʳ Proché, outre les deux cens livres que la communauté luy donne, il a au moins quatre cens livres des mois des écoliers, soit latinistes, arithméticiens, écrivains ou commençants, et que d'ailleurs il a augmenté le payement de chaque écolier par mois d'un cinq sols au dessus de ce que le sʳ Dosté son predecesseur prenoit. »

En conséquence, les exposants demandent l'autorisation de choisir un autre régent, vu la pauvreté de la communauté.

La pièce est signée :

GUIRON DEPHICQUEPAL maire, LAMOTHE TAMIZEY [1] premᵉʳ consul [2].

___

[1] Joseph Tamizey de Lamothe, volontaire d'abord puis officier au régiment de la reine en 1740, est l'auteur ou le principal rédacteur de cette réponse assez mordante, car on y retrouve les mêmes irascibilités que dans d'autres factums de lui. Mon vénéré père se proposait de publier sous le titre : *Les Colères de mon arrière-grand-oncle*, le récit de trois ou quatre altercations de ce terrible sabreur. Son différend avec M. de Cours, premier consul, qu'il poursuivit l'épée à la main en lui offrant *d'en découdre* et faillit le faire traduire au *Tribunal des Maréchaux*, ses relations avec la famille de M. de Duchoissy, son futur beau-père qu'il bâtonnait parce que celui-ci ajournait trop ses projets de mariage ; enfin une dispute plus prosaïque pour un tas de terreau, pour lequel il avait cassé bras et jambes à une famille de quatre personnes, acte des conséquences duquel, un autre de ses beaux-frères, M. de Séovaud de Lourmade le sauva, en rachetant à beaux deniers, la procédure criminelle contre lui. En 1781, il était plus calme en action, mais la plume restait vive. (H. T. DE L.).

[2] Aux deux pièces citées est jointe une lettre (9 mars 1781) du chargé d'affaires de la subdélégation de Marmande à l'Intendant pour lui faire savoir qu'il n'y a pas lieu de donner d'autre suite à l'affaire, la communauté de Gontaud ayant décidément choisi un autre régent. Dans cette lettre est exprimée la crainte que les magistrats de Gontaud n'arrivent pas à remplacer Proché, dont ils n'ont pas su apprécier le mérite. On lit en haut de la lettre cette note : *Affaire finie*.

www.ingramcontent.com/pod-product-compliance
Lightning Source LLC
Chambersburg PA
CBHW060536050426
42451CB00011B/1764